AF221134

FSC
www.fsc.org

MIX

Papier aus ver-
antwortungsvollen
Quellen
Paper from
responsible sources

FSC® C105338

RENDEZVOUS
MIT MEINEM HERZEN

LUZIE IRENE PEIN

Gedichte

Was mein Herz berührt

Liebe, Leidenschaft, Natur
Veränderung und Neuanfang

Bibliografische Information der Deutschen Nationalbibliothek: Die Deutsche Nationalbibliothek Verzeichnet diese Publikation in der Deutschen Nationalbiografie; Detaillierte bibliografische Daten sind im Internet über **www.dnb.de** abrufbar.

Herstellung und Verlag
BoD- Books on Demand GmbH, Norderstedt

ISBN: 978-3-7519-6815-7

Alle Texte und Bild-Inhalte in diesem Buch sind urheberrechtlich geschützt, Veröffentlichungen ohne Zustimmung des Verlags, dem Herausgeber und der Autorin unzulässig und strafbar. Das gilt insbesondere für Vervielfältigungen, Übersetzungen und die Einspeicherung in digitalen Systemen.

Coverbild: Josef Osthaus/
Bad - Sassendorf
Covergestaltung: Luzie Irene Pein
Zeichnungen: Josef Osthaus
Bearbeitung: Luzie Irene Pein
Texte: Luzie Irene Pein
© 2010 - 2013
© 2020 Luzie Irene Pein

Inhalt

Abschied	11
Alte Eiche	12
Ausgereift	14
Beseelt	15
Chamäleon	16
Dann und Wann	17
Da – Sein	18
Delphin im Haifischbecken	20
Durchschaubar	21
Einfallslos	22
Entpuppt	23
Filmentwicklung	24
Flickenteppich	26
Frieden	27
Gebunden	28
Gedanken – lesen	29
Geschichtsbuch	30
Grenzenlos	31
Herbst	32
Herz – Zentrum	33
Kettenband	34
Klagelieder	35
Lebenslauf	36

Lichterglanz   37

Loslassen   38

Manipulation   39

Mondschein – Sonate   40

Pforten   41

Rhythmus   42

Schicksalsweber   44

Seelen – Traum   45

Spiegelbilder   46

Stählerne – Wirbelsäulen   48

Stille Nacht   49

Traum – Gestalten   50

Traumfinder   51

Vertonung   52

Wahlfreiheit   54

Wechselreden   55

Weisheit   56

Zeit   57

Zielfindung   58

Zu – Wendung   59

1001 Nacht   60

Abschied
Zeit

Dass die Saat aufgeht
Zu Wachsen
Zum Erblühen

Neue Triebe zu bilden
Ein Leben lang
Sinnvoll
Um Früchte
Zu tragen
Und Verblühen

Auszuruhen
Um dann "JA" zu sagen
Zu "IHM"

DEM ich
Durch SEINE LIEBE
Begegnen soll

<ins>Veröffentlicht am 22.10.2012</ins>

Alte Eiche

Du warst schon da -
Verschont -
Von Stürmen- Blitzlichtern
Als ich kam
Dich kennen lernen durfte:

Viele Wandervölker -
Urlaubsreisende -
Heimatfreunde-
Suchten - Fanden Schutz
Unter deinem Dach
Wer anklopfte
Wurde mit offenen Armen begrüßt
Mit Nahrung verwöhnt

Buntes - Fröhliches -
Singendes - Leben
In deiner Herberge
Lockte viele Zaungäste an
Sie kamen - Gingen
Einige blieben
Ließen sich häuslich nieder

Ich ging zeitweilig-
Kam zurück:

Du bist gealtert
Wie ich -
Gebeugt stehst du
Am selben Platz
Spendest gewohnt
Licht und Schatten
Substanz des Lebens
Für alle Nutznießer

Du bist noch da -
Wenn ich für immer gehe

Du bist aus besonderem Holz geschnitzt
Erinnerst mich an meine Mutter!

<u>Veröffentlicht am 09.03.2013</u>

Ausgereift

Reifen-
Greifen-
Begreifen

Überreif
Durch Überdruss
Im Überfluss

<u>Veröffentlicht am 30.01.2013</u>

Beseelt

Ich lasse sie baumeln

Weil ich Lust habe
Mal keine Lust zu haben

Um dann Seelenstark zu sein
Die Schöpferkraft:
Körper, Geist und Seele
Mit Dir zu teilen

<u>Veröffentlicht am 26.09.2012</u>

15

Chamäleon

Ich passe mich
Nicht immer an
Widerspreche

Auch wenn Meine Farben
Verblassen
Meine Haut dünner wird
Werde ich Meine Ansicht
Über Mein Weltbild
Nicht verändern

Ich bin kein Chamäleon!

Dann und Wann

Bin ich

Ein stilles Mäuschen
Ein scheues Reh
Eine gurrende Taube
Eine wilde Stute
Ein Beutejagender Adler
Ein Elefant
Im Porzellanladen

Bleibe erschrocken stehen
Nehme mein Umfeld wahr

Ich bin nicht Allein

IM TIERGARTEN

Veröffentlicht am 10.10.2012

Da - Sein

Gaukler
Leuchtend
Nektar saugen

Tausendfüßler
Unbemäntelte Augen

Ameisen
Läuse liebkosen

Umarmt, verschmolzen
Kletterrosen

Motten
Trinken Dämmerlicht

Trauerweide-
Vergissmeinnicht

Singvögel
Seelennest bauen

Name
In Stein gehauen

Mücken
Tänzeln Wonne

Streben-
Leben-
Vollkommenheit

Freies Geleit

Sonne

<u>Veröffentlicht am 20.08.2012</u>

Delphin im Haifischbecken

Ich werde auf Wellen schweben
Gegen den Strom gleiten
Dem Echo- Lot
Antwort geben

Schwache, verirrte Geschöpfe
Auf dem rechten Weg begleiten

Mit ihnen spielen- singen
Vor Freude in die Höhe springen

Ich bin nicht dressiert-
Isoliert-
Bewusst sehr weit gereist

Ich bin ein FREI – GEIST

<u>Veröffentlicht am 20.02.2013</u>

Durchschaubar

Trotz DEINER
Aufgesetzten Tarnkappe
Erkenne
Ich DICH
Klar und deutlich

<u>Veröffentlicht am 13.01.2013</u>

Einfallslos

Aufgewärmt
Einmal-
Perfekt

Zweimal-
Noch ok

Dreimal-
Schal

Mehrmals-
Fad

Obwohl
Geschmacksnerven verödet
Heißhunger auf Bekanntes

Laufend
In Wellen erwärmt

Das willst *DU*
Ziehst den Stecker nicht

Einfach geschmacklos!!!

<u>Veröffentlicht am 28.06.2013</u>

Entpuppt

DU flügellose Erstarrung
Ruhtest geschützt in *DEINER* Hülle
Zur innerlichen Neugestaltung

Strahlende Sternschnuppen
Erlösten *DICH* eingesponnenen Kokon
Aus *DEINER* Wehrlosigkeit

Filigrane Flügel bildeten sich
Um *DICH* durch sinnvolle Lebenslust
In die Himmelshöhen zu leiten

"FLIEG doch, FLIEG"

Veröffentlicht März 2012

23

Filmentwicklung

Batterie
Aufgeladen
Durch Energie
Aus geistiger Nahrung

Setze sie ein
Halte inne
Warte unsicher
Auf fließendes Licht

Lass mich nicht blenden
Nicht täuschen
Vollnebeln
Ich sortiere
Die Schatten

Setze die rosarote
Brille ab
Suche die Wahrheit
Entscheide zielstrebig
Ich lass los

Puzzle in Negativ
Ich belichte
Ein neues Bild

Füllt den Rahmen

AUS

Als

„Gedicht der Woche"

Ausgezeichnet am 15.Mai 2012

Flickenteppich

Verhalten

Lege es
Zu Grunde
Stabil

Blendend
Das ständige
Farbenspiel

Kleine Ecken
Funkeln
Große Ecken
Dunkeln

Schwache Stellen
Zerbrechen
Starke Zellen
Versprechen

Zu Halten!

<u>Veröffentlicht am 18.09.2012</u>

26

Frieden

Rotgoldene Flammen
Spiegeln sich glanzlos
In Schattenrändern
Von ungeweinten Tränen

Die Seele
Legt den Kummer
Auf das blasse Blickfeld
Zieht sich entfremdet zurück

Zu tief
Sitzt der Schmerz
Von nicht verheilten
Und neuen Wunden

SIE will Ruhe
Gesund-
Und *NIE* mehr
Verletzt werden

Veröffentlicht am 14.01.2013

Gebunden

VERSPROCHEN

Umhüllung
Besiegelt
Aus Blütenstaub
Zur Zweisamkeit

Verschleiert
Gesponnene Seide
Durchtränkt
Vom schwammigen Schwur

Lebensträume
Überzuckerter Glanz
Auf gehärtetem
Raureif

Perlstichworte
Ungelesenes Herzklopfen
Entfremdet
Zur Einsamkeit

Einband
Durch Beanspruchung

ZERBROCHEN

Veröffentlicht am 11.09.2012

Gedanken - Lesen

In welche Welt
Tauchen sie ein?

Schenken sie jedem
Wort Aufmerksamkeit?

Lesen sie den Sinn-
Die Bedeutung heraus?

Horchen sie
In sich hinein?

Wie nehmen *Sie*
Das geschriebene Wort wahr?

Angst - Vertrauen
Trauer - Freude
Leid - Glück
Schmerz - Lebensfreude
Ablehnung oder Liebe?

Haben *Sie* ein Einsehen
Man muss nicht ALLES verstehen

ALLES
Kann man nachlesen

<u>Veröffentlicht am 29.04.2013</u>

Geschichtsbuch

Ich lese jeden Tag
In offenen Gesichtern

Sie erzählen Geschichten
In grauen - bunten Kapiteln
Spiegeln den Inhalt wider
Je nach Hintergrund

Ich lese jeden Tag
In geöffneten Büchern
Viele viele sind noch nicht
zu Ende gelesen

Veröffentlicht am 11.06.2012

Grenzenlos ?

Als Kind
Dachte ich:

Bäume wachsen
In den Himmel

Heute weiß ich:

Unser Horizont
Ist begrenzt!

<u>Veröffentlicht am 26.03.2013</u>

Herbst

Erntezeit

Blüten
Früchte
Saatgut

Viele Jahre
Keimlinge
Als Vorrat
In das Horn
Gefüllt

Es quillt über
Sortiere aus
Was nicht mehr gut ist

Mein Füllhorn
Ist aufgeräumt

Veröffentlicht am 25.04.2012

Herz - Zentrum

Sie wollen:
- Rennen-
Bleiben auf der Stelle stehen

- Vorwärts fahren
Rollen aber zurück

- Fliegen
Doch sie haben keine Flügel

- Geradeaus gehen
Biegen dennoch falsch ab

Sie drehen sich im Kreis
Verlieren den Halt
Anstatt den Weg zu gehen
Der für sie bestimmt ist

Zu IHREM Mittelpunkt!

Ich habe MEINEN
Durch SEINE LIEBE,
FÜHRUNG, gefunden

Tief in MEINEM Herzen!!!

Veröffentlicht am 28.05.2013

Kettenband

Geschweißt
Durch Liebe -
Keine Trennung

Zerrungen
Durch Triebe -
Gefühlsbekennung

Bröckelt
Durch Lügen -
Verwirrung

Verlorene
Zeit?
Freiheit?

Gefunden
Neues Glied -
Zur Verbundenheit

Mit Verschluss
Zum Öffnen -
Zur Handlungsfreiheit

Veröffentlicht am 27.02.2013

34

Klagelieder

ERZÄHLEN:
Gefühllose Geschichten
- Über Hass
Angetrieben
Von dem Innersten

Von Wünschen
- Sehnsucht
Nach Erleben
Mangelnder Leidenschaft
Schmerz

Phantasievolle Märchen
- Von Liebe
Emporgestiegen
Aus der Tiefe

" Begehren "

Manchmal
Werden Märchen wahr!
Für Momente

Sei dankbar
Für *DIESE AUGENBLICKE*
Beklage Dich nicht
Mein Herz

Veröffentlicht am 01.10.2012

Lebenslauf

Meine Energie
Fließt unablässig

Ich lasse
Mich mitreißen
Von sinnvollen Strömungen

Mal langsamer
Mal schneller
Ohne Begehr

In neue Richtungen
" *Jetzt* "
Jeden Tag

Mit Tropfen der Quelle
Untrennbar vereint

Veröffentlicht am 04.09.2012

36

Lichterglanz

Hoffnung
Im Grün

Treue
In Rot

Verzeihen
All Sein Bemühen

Liebe
ist Sein Gebot

WEIHNACHTEN

<u>Veröffentlicht am 26.09.2012</u>

Loslassen

Reflektierte Daten
Gespeichert auf Festplatte
Hohe Speicherkapazität

Festgehalten
In der Bibliothek
Für die Ewigkeit?

Datensicherung monatlich
Gebrannt auf separates Laufwerk
Vorteil zur Widergabe

Datei für Datei
Jederzeit abrufbar
Ohne Verschleiß

Löschung keine Eile

DU willst die Verbindung
Nicht kappen
Die Darbietung
In der Rückschau behalten

Lass *Sie* endlich los!!!

Ich will keine Kopie sein
ICH BIN EIN ORIGINAL!!!

<u>Veröffentlicht am 29.08.2012</u>

Manipulation

Öde Worte

Schmeichlerisch
Besitzergreifende Berührung

Stutzen Flügel
Legen Fesseln an

Gehabe
Machtvoll verletzend

Kraftgeballt
Vertreibend

Wollend
Egoistisch eingefordert

Drohend
Schmerzen bereitend

Stelle *IHM* Fragen
"Höre zu"

Helfender
Tröstender
Heilender Wortschatz
"*DU*"

Veröffentlicht am 13.03.2011

39

Mondschein ~ Sonate

Sternenflimmern
Brennende Glut
Ein Trabant
Nicht weit entfernt

Visuell wahrgenommen
Farbneutrale Energie
Beeinflusst Träume

Radio- (ist) aktiv

Veröffentlicht am 28.05.2013

Pforten

Türen öffnen sich
Türen schließen sich

Für VIELE
Nur ein Durchgang

Manche Türen
Bleiben für immer
Verschlossen

Doch EINE Pforte
Wird weit geöffnet sein

Veröffentlicht am 26.03.2013

Rythmus

Mein Herz - Dein Herz

Schlagen - Getrennt

Doch
Miteinander - Füreinander

Aus Liebe

<u>Veröffentlicht am 18.01.2013</u>

Schicksalsweber

Geworden
In Vergangenheit

Werdend
In Gegenwart

Soll Werden
In Zukunft

ALLES ist miteinander verwoben

Mein LEBENSFADEN
Ist eingeflochten
Nicht gerissen

Ich bin dankbar
Für jeden neuen Tag

Lebe - Erlebe
Unbewusst – Bewusst!

Seelen - Traum

Es greift zu
Lässt los

Öffnet die Tür
Schließt heimlich

Wandelt
Im Geheimen

Entzieht sich
Entscheidend
Nicht fassbar

SIE in *IHM*
ER in *IHR*
Vereint

Unbegreiflich

<u>Veröffentlicht am 25.06.2012</u>

Spiegelbilder

Durch Alter degradiert
Fremdes Bild
Im Spiegel

Gesichtszeichen
Gestützt
Vom Rückgrat

Entlarvt
Durch schweigende
Situation

Hier, jetzt
Belohne ich mich
Durch Freudentränen

Angenehm - Nicht peinlich

Mein Spiegel strahlt ehrlich

Veröffentlicht am 23.07.2012

Stählerne ~ Wirbelsäulen

Programm-
Eingesetzt

Arbeitskraft
Dreht, bewegt
Sich schnell

Bohrt, schlichtet
Schleift gepflegt
Fertigt Industriell

Läuft zeitlos
Unentwegt
Poliert manuell

Die Maschine - M...
Unbekannter Typ!!!

Programm
Für Tatkräftigen
Wirbelkörper
Abgeschlossen

WIRD ERSETZT!!!

Veröffentlicht am 08.12.2012

48

Stille Nacht

Sonnenstrahlen
Ertrinken zwielichtig

Diamanten
Funkeln im Milcherzeugnis

Mondmagnet
Zieht das Wasserkleid an

Sterne
Rieseln wie Schuppen

Schnuppe!

Heute Nacht
Beginnt - Morgen

Sonne - Lachen
Lebendiger Tag!

<u>Veröffentlicht am 25.05.2013</u>

Traum - Gestalten

Träume
Die Angst machen
Einfach umdrehen

Ihnen
Den Schrecken nehmen

So werden
Aus Feinden - Freunde

Lebensnotwendig!

Gehe ausgeruht
In den Tag

Veröffentlicht am 19.06.2013

Traumfinder

Angelernte Distanz
Imitiert auf Akzeptanz?

Erwünschte Ziele
Verpasst durch auferlegte Grenzen?

Empfundene Trugbilder
Verschenkte Augenblicke
der Lebensqualität?

Gewählte Einsamkeit
Durch vorgeschriebene Regeln?

Geprägtes Leben
Preisgegebene Konsequenz

Erkenntnis
Ist UNSERE Existenz

Veröffentlicht: 2012

Vertonung

Ich lauschte
Erwartungsvoll
Dem Klang
Der Konzert Töne

Ließ mich
Vom Wohlklang verzaubern
Flüsterte begeistert
Spielt, singt, weiter

Leidenschaft
Betont Bedeutung

Ich empfinde
Meine Melodie
Im Herzen

Freudlos, *DER,*
DER, kein Lied
In sich erlebt

<u>Veröffentlicht am 03.06.2012</u>

52

Wahlfreiheit

Erst zwei Drittel
Vollendet
Vorzeitig
Beendet

Freiwillig
Oder nicht
Pflichtbewusst
Berücksichtigt

Ansprüche
Zurückgestellt
Wartezeiten
Hinzu gesellt

Lange Jahre
Zugesichert
Ist das Alter
Abgesichert

Hohn?
Wirklichkeit !!!

Veröffentlicht am 02.08.2012

Wechselreden

Damals
Miteinander -

Gedanken ausgetauscht
Träume ausgelebt
Gefühle erlebt
Geredet

Jetzt
Jeder für sich

Sehnsüchte
Gemeinsamkeiten
Verloren
Worte sind verstummt

Es ist still geworden

Wir haben *UNS*
Vergessen

Veröffentlicht am 16.07.2012

Weisheit ?

Ohne Studium?
Durch Lernen?
Zuhören?
Neugier?
Leben?

Viele Worte
Werden kopiert
Umgeschrieben!

Nur das Herz
Schreibt aufrichtige
Glaubwürdige Worte!

Durch LEBENSERFAHRUNG!

<u>Veröffentlicht am 02.11.2012</u>

Zeit

Momente:

Zum Fühlen
Riechen
Schmecken
Durchatmen
Für Liebe

Spüre:
Die Kraft
Deinen Lebensfluss
Neue Energie

Deine Zeit ist endlich-

Genieße sie!!!

<u>Veröffentlicht am 11.03.2013</u>

Zielfindung

Ich steige Stufen
Hinab in meine Tiefen

Ein Fremdkörper
Dem Blitzschlag
Zugewandt

Das Feuer lodert
Auf der Schwelle
Zur Überwindung

Ich springe
Über meine Grenzen hinaus
Lasse mich tragen
Von aufrichtigen Worten

Unterwerfe mich
Der " Wer oder Was " Frage
Sage " JA " zum Dasein

Ihr könnt auch nur GEWINNEN!

Veröffentlicht am 16.07.2012

Zu - Wendung

Weniger
Ist manchmal
MEHR

Zu wenig
Ist
Nicht genug

MEHR
Ist oft
Notwendig

Veröffentlicht: 2012

1001 Nacht

Betrat Räume
Voller Träume

Öffnete
Einen
Nach
Dem Anderen

Fand
Dichtung

Berichte-
Aus meinem Verstand

<u>Veröffentlicht am 26.03.2013</u>

Hobby/ Autorin: Luzie Irene Pein,

1950 in Lippstadt/ NRW, geboren, veröffentlicht Allegorien und Aphorismen: Gedichte über Erlebnisse, Gefühle, Natur und Sinnesfindung. Des - Weiteren Kurzgeschichten in verschiedenen Anthologien, in denen sie die Leser gern in die Irre führt. In ihrem Sati(e)re Buch zeigt sie, dass sie auch einen Hang zum Komischen hat.
Fotos literarisch zu untermalen ist eine weitere Leidenschaft von ihr.

Ihr Mantra lautet:
LEBE BEWUSST -
IM HIER UND JETZT

https://luzie-irene-pein.jimdosite.com

Sie ist Mitglied im Verein:
https://boerdeautoren.jimdofree.com

Eigene Veröffentlichung:
2009: Gedichtband-
Eine Liebesgeschichte in Gedichtform
Einfache – Ehrliche – Emotionen

2014:Gedichtband, Allegorien und Aphorismen
Lebendigkeit- Bedarf der Liebe
ISBN: 978-3-7357-2058-0,
Verlag:BoD- Books on Demand GmbH,
Norderstedt

2015: Buch
Frösche – Hühner und andere Sati(e)re
ISBN: 978-3-7392-2054-3
Verlag: BoD- Books on Demand GmbH,
 Norderstedt

2019: Buch
BRUCHSTÜCKE - WAS BLEIBT?
ISBN: 978-3-7347-9333-2
Verlag: BoD- Books on Demand GmbH,
Norderstedt